AF611516

LONDRES.

TOULOUSE. Imprimerie de J.-B. CAZAUX, petite rue St-Rome, 1.

LONDRES

PAR

M. Louis D'ESTAMPES.

Delenda est Carthago.

PARIS,
CHEZ
LES PRINCIPAUX LIBRAIRES.

AUCH,
E. FALIÈRES, ÉDITEUR,
Rue de l'Oratoire, 41.

1861

LONDRES!

I.

Delenda est Carthago! s'écriait à la fin de tous ses discours le patriote Caton l'Ancien. Et ces trois mots étaient l'expression d'une nécessité politique, qui avait fini par devenir, avec le temps, le sentiment national chez les Romains. C'est cette imprécation que nous avons prise pour épigraphe, car elle est applicable à la Carthage moderne dont la suprématie est un danger, l'alliance un leurre, la neutralité une illusion.

Démontrer que l'Angleterre est la cause secrète des

troubles qui agitent si profondément l'Europe depuis quelques années, qu'elle est, ce qu'elle fut toujours, l'ennemie irréconciliable de la France; telle est l'idée principale de cette brochure.

Laisser entrevoir un terme et un châtiment aux intrigues de la Grande-Bretagne, après les avoir stigmatisées, telle en est la conclusion.

Pour nous livrer à cet examen qui n'a trait, cela va sans dire, qu'au gouvernement et non aux citoyens Anglais dont nous nous plaisons à reconnaître les hautes qualités privées, nous allons essayer, tout en jetant un rapide coup-d'œil sur les événements européens, et principalement sur ceux d'Italie qui fourniront le plus vaste champ à nos appréciations, de prouver qu'au milieu de toutes les questions soulevées dans ces derniers temps, un seul point doit concentrer l'attention de la France, car ce point est le foyer de l'incendie.

II.

Qu'était le Piémont en 1858?—Un fort petit Etat. — Que voulait-il être? — Tout. — Que sera-t-il? — Rien.

Voilà, en trois questions et trois réponses, la position du royaume de Sardaigne *avant, pendant* et *après.*

Le Piémont comptait quatre millions d'habitants; il a aujourd'hui vingt-deux millions de sujets; il convoite encore Rome et Venise. Mais la mort du comte de Cavour livre Turin à la Révolution, et l'escopette du condottiere menacera bientôt une poitrine royale; or, un pays en proie à la démagogie, étant faible au dehors pendant qu'il est troublé au dedans, les autres gouvernements refusant de pactiser avec le désordre, l'Autriche, les Archiducs et les Bourbons de Naples auront une belle occasion, ce nous semble, de rentrer dans leurs possessions indûment retenues sous le sceptre du fils de Charles-Albert. Si donc, (*que l'on nous pardonne la forme que nous allons employer*) on compare le Piémont de 1858 au Piémont de 186..., on trouvera pour le futur Piémont :

Piémont de 1858 moins Nice et la Savoie, plus mésestime et hostilité des cours souveraines.

Comment Victor-Emmanuel dont nous supposons la capacité incontestable, comment M. de Cavour dont la Presse vient d'entourer le cercueil des plus belles fleurs... de rhétorique, ont-ils pu s'engager dans un voie aussi funeste? — Ah ! ceci n'est pas un mystère pour quiconque veut réfléchir et comprendre.

Depuis la bataille de Novare où le maréchal Radetzki couronna le fils de Celui qu'il proscrivait, le royaume Sarde entra dans une ère nouvelle. L'œuvre à main armée ayant abouti à une déroute complète, Victor-Emmanuel, en montant sur le trône, inaugura un régime de liberté destiné à contraster aux yeux de l'Europe et surtout des principautés voisines avec celui des autres dominations péninsulaires. Telle fut durant six ans la politique habile ayant pour but de désaffectionner les Italiens de Parme, de Florence, de Modène, de Naples, de Rome et de Venise. Cette politique continuée plus longtemps eût peut-être réussi, mais les quelques lauriers cueillis à Malakoff, à l'ombre de notre drapeau, par une division Piémontaise, enflèrent d'orgueil l'âme du Roi. Au congrès de Paris, ses diplomates dénoncèrent le Saint-Siége et Ferdinand; quatre ans plus tard, la guerre éclata avec l'Autriche, et la France chevaleresque, ne s'inspirant que de la défense du faible contre le fort, en arrêta par des triomphes réitérés les suites désastreuses pour la patrie de M. de Cavour. Mais déjà, à nos bataillons illustres s'étaient mêlés les soldats de Garibaldi, et le *Partisan* recevait de son Souverain le titre de général. Victor-Emmanuel avait vu doubler son territoire par l'adjonction de la Lombardie dont l'Empereur l'avait gratifié par les clauses de Villafranca;—c'était un coup de fortune inespéré;— il aurait dû confondre, dans sa reconnaissance envers l'Empereur, l'oubli de projets ambitieux. Il n'en fut point ainsi: Palestro, Magenta, Solferino furent regardées par l'orgueil Piémontais comme des victoires nationales; du bienfait le seul souvenir fut l'ingratitude. Nos soldats, acclamés lors de leur débarquement, étaient reçus froidement à leur retour, et les avis de Napoléon III devenaient importuns. La Confédération échouait à son berceau par l'opposition de notre allié; des Alpes aux Apennins avaient circulé les mots de *Nationalité* et d'*Unité.*

Mais ce cri était-il lui-même national, ou n'était-ce qu'un écho transmis de Londres à Gibraltar et répété jusque dans le golfe de Gênes? Comment expliquer autrement une telle démence, une aussi étrange ingratitude? Ne sent-on pas, d'ailleurs, dans l'incohérence même de ces deux mots *Nationalité, Unité*, cet esprit britannique qui emploie tous les dissolvants, même les plus opposés, pour corrompre la conscience publique. A Turin, soyez unitaire; à Venise et en Hongrie, soyez national; voilà, sans doute, le conseil donné à M. de Cavour par le canal de Mazzini dont Garibaldi est le porte-étendard.

La dépêche à sir Hudson n'est-elle pas la théorie de ce principe, les canonniers du Renow combattant au Volturne avec les Bersaglieris de M. de Villamarina et les colonnes du guerrier *Niçard*, n'en sont-ils pas l'application ; les secours matériels donnés par l'Angleterre ne sont-ils pas la consécration évidente des projets Piémontais déguisés longtemps sous le masque des sociétés secrètes ?

Et si l'on se demande le mobile du Cabinet de Saint-James dans cette voie opposée à tous les droits anciens et modernes, on trouve plusieurs motifs qui l'ont poussé à s'isoler ainsi de l'honneur européen.

L'Angleterre, d'abord pour l'Autriche, alors que la France était l'ennemie de cette puissance, se rallie au Piémont quand la paix de Villafranca apprend au monde étonné que le grand capitaine de Solférino a serré la main de François-Joseph ; elle comprend que, n'ayant dépensé ni un homme ni un écu au service de l'Italie, il faut y propager le libéralisme, et gagner ainsi à peu de frais la popularité que nos soldats viennent d'acquérir au prix de leur sang. A peine, la Confédération, ce plan si sage et si conciliateur, est-elle proposée, que la diplomatie anglaise suggère aux masses, et par contre-coup au Ministère Sarde, l'idée d'*Unité*. Quelle habileté perfide ! C'était surenchérir sur les offres de notre Cabinet, c'était spéculer sur la fermentation des esprits, c'était exploiter le fanatisme révolutionnaire, c'était en un mot, forcer la main du Roi à signer l'apostasie et la trahison.

L'*Unité*, en effet, impliquait le renversement des Archiducs, la fusion du royaume de Naples, l'incorporation de Rome au Piémont, l'agrégation de Venise, la lacération complète du traité de paix de Zurich. Ce plan était vaste, mais c'était une criminelle utopie. M. de Cavour, dont Garibaldi contrecarrait l'influence, lutta quelques jours contre ces menées britanniques; son bon sens d'homme d'État lui montrait le fatal pilori où serait cloué l'honneur de la couronne, et compromise la sécurité de la Monarchie. Mais lorsque Naples eût promené dans ses rues le dictateur triomphant, lorsque Mazzini se mêla dans le cortége des officiers volontaires, il comprit qu'il n'était plus possible de s'arrêter en chemin ; forcé d'abandonner l'alliance continentale pour celle des îles, il affronta le grand jour, et la croix de Savoie fraternisa avec le drapeau rouge.

Ici se rangent l'invasion des Marches et de l'Ombrie, les menaces contre Venise, le siége de Gaëte où Cialdini rajeunit les tristes lauriers cueillis à Ancône, le siége de Gaëte ou Sophie de Nassau et François II immortalisent un sceptre qui échappe à leur héroïsme!... C'est alors que la France, toujours grande et généreuse, contraste, quoique d'une manière un peu faible (nous verrons plus tard pourquoi), avec l'égoïsme de l'Europe.

Tandis que le stérile résultat des Conférences de Varsovie retentit comme un glas funèbre au cœur de tous les honnêtes gens; notre ambassadeur quitte Turin, et, quelques jours après, l'Aviso la Mouette emporte dans ses flancs la Jeanne d'Arc napolitaine et le jeune Monarque qui, comme *François*, 1er *a tout perdu fors l'honneur!...*

Il est vrai que notre flotte a abandonné Gaëte au moment de l'assaut, mais ce départ est causé par la *Non-Intervention*, autre principe d'*Outre-Manche*, en vertu duquel on se borne à remplir les devoirs de courtoisie souveraine, et notre escadre garde à regret la neutralité sur les rivages Italiens.

A peine le rocher de Gaëte est-il pris, que les regards de convoitise se tournent vers Rome. Que n'a pas invoqué Lord John Russell pour le retrait de nos troupes! Que n'a pas dit M. de Cavour qui prenait ses inspirations sur le bord de la Tamise contre le Souverain-Pontife! Mais jusqu'ici ces sollicitations, ces instances ont été vaines, et elles le seront toujours, nous l'espérons, d'après les déclarations de S. E. M. Billaut dans les deux chambres, et la circulaire du 6 Juin 1861 adressée aux Cours étrangères par M. Thouvenel. Notre corps d'occupation garde le Vatican et soutient l'œuvre de Charlemagne. La France abandonne les solfatares de la Sicile au

Piémont (traduisez : à l'Angleterre), mais elle ne veut point renier sa mission providentielle, elle veut mêler aux fleurons de ses batailles le lustre des bénédictions catholiques.

Notre rôle en Italie fut moins dessiné, sans doute, qu'il eût pu l'être, mais cependant il fut plus noble et plus tranché que celui des autres nations. L'ingratitude était trop voisine du bienfait pour qu'on pût le retirer, et un *Castelfidardo* officiel eût pu paraître, aux yeux de certaines gens, l'opposé et la condamnation de Solférino dont il n'aurait été néanmoins que le complément. *Liberté et Religion!* avait été la devise défendue par nos soldats en Crimée et en Italie : un général d'Afrique et la légion Franco-Belge succombaient un an plus tard pour cette même devise : *Religion* et *Liberté!*

III.

Que la France soit divisée d'opinions au sujet des graves événements de la Péninsule, qui ont eu un si grand retentissement de ce côté des Alpes, cela se comprend. Selon, en effet, que l'on affectionne le gouvernement d'un seul ou celui des masses, qu'on penche vers la religion ou le libre-examen, on doit juger diversement. Où les uns voient un roi galant-homme, il est bien permis aux autres de voir dans cette dénomination un contre sens; où certains voient la liberté, libre aux autres de voir le despotisme de la multitude; ceux-ci sont pour l'hérédité du trône national, et pensent servir la civilisation en défendant les croyances de leurs pères; ceux-là sont pour la révolution et l'appuient; ils veulent faire du Pape un évêque en tutelle, ou *in-partibus*, comme l'a si bien dit M. Granier de Cassagnac.

Pour nous qui ne sommes ni Français de Garibaldi, ni Français Romains, mais Français et Catholiques, nous ne voyons dans tous ces troubles d'Italie que la Révolution, et nous la voyons avec douleur se propager dans d'immenses proportions. Sous les trames des sociétés secrètes, nous distinguons la main de l'Angleterre, et nous isolant de toute préoccupation de parti, nous apprécions les luttes de l'Italie comme les événements de l'Europe, non au point de vue particulier mais au point de vue général. Un seul grand débat agite, selon nous, en ce moment l'Europe moderne; c'est un débat entre le Protestantisme et le Catholicisme, c'est un débat politico-religieux entre l'Angleterre et la France. Au fond ces deux nations se disputent la prééminence; c'est le travail de leurs idées et de leur influence qui donne naissance à ce bouleversement général et partiel à la fois dont notre époque sera le témoin, et nous l'espérons, le tombeau.

IV.

Pourquoi ne pas le dire?

Il y a entre les deux peuples une rivalité naturelle, une antipathie innée, et cette antipathie se manifeste entre les deux gouvernements par une hostilité occulte, latente et très-opiniâtre. C'est en vain que depuis 1815 il y a eu des rapprochements tentés; nous n'oublions ni *Quiberon* ni *Waterloo*, et le blocus continental n'a pas périmé dans la haine britannique. Sous le règne de Louis-Philippe, l'Angleterre avait gagné en force ce que le système parlementaire (cet appareil chloroformisateur du génie de nos rois) nous avait enlevé de puissance, et profitant de notre abaissement, un Ministre de la Grande-Bretagne avait pu dire : « *Je ferais passer la France par le trou d'une* » *aiguille* ».

Combien est loin ce temps malheureux, combien l'Alma, Inkermann, Malakoff ont relevé notre drapeau aux yeux du monde, tandis que les Anglais affichaient sur les mêmes lieux leur infériorité et leur faiblesse...! De ce contraste humiliant une haine encore plus forte qui se mesure à l'accroissement de notre prospérité.

Voyez cette affaire Bernard où l'on relaxe l'instigateur du plus affreux attentat, voyez cette presse glorifiant en quelque sorte l'assassin et calomniant l'auguste victime que le doigt de Dieu protége; voyez cet instinct de contradiction *quand même*, envers notre politique, voyez ces meetings où l'on insulte publiquement à nos institutions et à notre Souverain; voyez ces écrivains salariés déversant le blâme sur nos actes les plus méritoires, et nous accusant effrontément d'avoir fomenté les massacres de Syrie: voyez cette duplicité sans pudeur envers l'Autriche et l'Italie, cette foi punique auprès de laquelle l'intérêt pèse plus que la justice des causes et le malheur des peuples, et vous vous écrierez avec nous :

Delenda est Carthago!

Notre alliance en Chine, notre traité de commerce ne peuvent faire contre-poids aux méfaits de l'Angleterre. Le temps des expiations nous semble proche. La guerre venant à éclater, nous paierons le drap plus cher, nous ferons un peu souffrir notre commerce maritime par une crise momentanée, mais nous assurerons notre domination sur terre et sur mer, nous abaisserons un ennemi qui nous outrage lorsqu'il ne tremble pas, nous vengerons le catholicisme de toutes les insultes de la Réforme, l'ordre et la liberté des crimes de la démagogie. Londres est la Carthage moderne, Paris en est la puissante rivale. Longtemps nous avons attendu, et peut-être nous attendrons encore l'heure du conflit, mais le continent reprendra enfin sa prépondérance sur cette *Ile* des *Saints* dont la force ne réside que dans l'astuce et l'art de former des coalitions.

Delenda est Carthago! Tel est intérieurement le cri du peuple, tel est le cri de l'armée, tel est le cri de la marine. De Paris aux Pyrénées, de l'hôtel du faubourg Saint-Germain au toit de chaume, de la caserne à nos divisions navales échelonnées sur toutes les artères de l'Océan, c'est le même cri, la même aspiration, et les échos de tous les rivages où flotte notre pavillon répètent depuis bien des années déjà : *Delenda est Carthago*!

V.

Quelques esprits nous trouveront peut-être trop sévères et d'autres trop indulgents à l'égard du Piémont sur la conduite duquel nous a entraîné une digression nécessaire; les uns nous accuseront de violence, les autres trouveront nos plaintes trop peu accentuées. Qu'il nous suffise de dire que nous avons été obligé, par l'iniquité même des choses, de stigmatiser certains actes de la politique Sarde, et que, d'autre part, nous avons cherché à conserver notre calme et à ne pas élever des accusations autres que celles de l'histoire, contre un Souverain qui combattait avec nos armées sur les champs de bataille de l'Italie.

Nous n'appartenons à aucune opinion exclusive; — De là vient notre modération. Nous n'avons en haine que le désordre et les fureurs révolutionnaires. Nous sommes pour le drapeau tricolore dont la noblesse quoique récente est si glorieuse. Nous sommes pour un pouvoir fort et modéré; nous n'acclamons pas le présent pour ne pas être accusé de flatterie;

nous ne répudions pas les souvenirs illustres de l'oriflamme fleurdelisée : — ce serait une lâcheté ! En un mot, nous sommes Français et catholique, nous le répétons, sans distinction du drapeau pourvu que ce drapeau soit porté haut et ferme dans le chemin de l'honneur, et nous unissons dans une même couronne les palmes de Rocroy, d'Isly et de Solférino, sans nous enquérir si la monarchie légitime, la branche cadette des Bourbons ou la dynastie des Napoléon présidait à ces victoires nationales.

Si donc, on croyait voir dans certaines de nos appréciations sur le rôle de la France en Italie, un blâme préconçu contre le gouvernement de l'Empereur, *Arrière cette pensée* !.. Si nous eussions désiré une intervention un peu moins restreinte en faveur des proscrits ou des spoliés, ce n'est point par un aveugle attachement de race ou de dynastie quelconque ; non, c'est seulement parce qu'à notre avis, Gaëte abritait une cause juste et qu'Ancône était un salutaire obstacle aux envahissements Piémontais. Nous nous consolons, du reste, de l'*irréalisation* de certains de nos désirs, car leur défaut d'accomplissement tient, croyons-nous, à des causes que les amis de la révolution italienne comme ses ennemis n'ont ni comprises ni appréciées à leur juste valeur, les uns par fanatisme, les autres par trop d'exhaltation dans leur ressentiment.

Nous avons vu, en effet, que la conduite de Victor-Emmanuel lui avait été dictée par l'Angleterre, tantôt directement, tantôt par l'intermédiaire de démagogues émérites. C'est à cette pernicieuse Egérie, despote à double face, qui tient sous son joug de fer deux grandes nationalités opprimées, l'Irlande et les Iles Ioniennes, et prêche l'indépendance et l'autonomie chez les nations étrangères, c'est à cette funeste conseillère, qu'il faut attribuer la violation des clauses de Villafranca, le mépris du droit des gens à Naples, l'irrespectueuse hostilité contre le Saint-Siége, et cette ardeur aussi belliqueuse qu'irréfléchie contre l'Autriche.

Il nous reste maintenant à expliquer, selon notre mode d'opinion, pourquoi la France a observé à la lettre les traités qui la liaient, tandis qu'elle laissait libres chez ses co-signataires la non-observation de ces mêmes traités.

Supposer que notre Cabinet a été dupe de la politique de M. de Cavour, serait faire injure à notre éminent Ministre des affaires Etrangères, et faire, d'autre part, trop d'honneur à celui qu'on placerait ainsi au niveau de M. de Talleyrand.

Admettre que la France a souffert en connaissance de cause et sans arrière pensée, ces infractions aux conventions internationales, ce serait commettre une grave injustice, ce serait presque manquer de patriotisme en doutant de la grandeur du rôle de notre pays.

Il n'y a cependant que cette alternative ou l'hypothèse suivante : l'Empereur temporise, mais chaque goutte de fiel entre dans la coupe ; quand cette coupe sera pleine, le débordement aura lieu.

Le coup d'Etat opéré par le Prince-Président après tant d'atteintes à son pouvoir, tant de personnalités blessantes, si habilement supportées, qu'on prenait cette patience pour de l'indifférence et de l'oubli, mit fin à la turbulente république de 1848 ; — un duel formidable terminera ces attaques où l'Angleterre donne libre carrière à son envieuse et mesquine rivalité.

VI.

Au lendemain d'un affront dont la France sera vivement émue, l'Empereur reprenant l'épée d'Italie déclarera la guerre à l'Angleterre, et lui dira :

J'ai fait tout ce qu'un grand Monarque peut faire pour conserver la paix à l'Europe ; les injures person-

nelles, je les ai dédaignées; j'ai voulu prouver qu'un Napoléon savait, pour le bonheur de son peuple, oublier les tortures d'un Napoléon; en Crimée j'ai caché votre faiblesse; en Chine où j'ai marié les deux pavillons, j'ai gardé pour mon pays l'honneur, et je vous ai abandonné le gain, votre unique ambition; à Gaëte j'ai cédé à vos récriminations pour ne pas aggraver par des dissidences la situation déjà si grave de l'Europe; en Syrie, j'ai quitté, à cause de vos coupables intrigues, une mission d'humanité pour la reprendre sous une forme plus onéreuse, mais à l'abri de vos malveillantes interprétations; quand vous vous êtes emparés de Périm qui allait devenir une position importante, je me suis tu; — lorsque j'ai accepté Nice et la Savoie comme rectification nécessaire aux frontières de mon Empire, vous avez crié : à la conquête; *vous avez violé la non-intervention en faveur de Garibaldi, moi, j'ai respecté ma parole.*

Le temps de la temporisation est passé; l'heure solennelle a retenti. J'entre aujourd'hui en lutte parce que l'affront est national et que la France a relevé le gant jeté par votre imprudente témérité. L'Europe jugera à qui doit incomber la responsabilité de l'agression et du sang versé.

Voilà quel pourra être le manifeste de Napoléon III contre l'Angleterre, et le monde entier ratifiera la vérité de ses paroles. En France, une fièvre indescriptible accueillera l'ouverture des hostilités; des milliards s'encaisseront dans les coffres de l'Etat. Il y aura des Larochefoucauld qui offriront dix mille francs; des capitalistes fourniront des sommes plus fortes, et le contingent populaire sera immense, spontané, parce qu'il sera inspiré par un sentiment vraiment national.

VII.

Sans doute, la lutte sera terrible, mais elle ne sera pas longue. Depuis le jour où un vent contraire fit manquer la descente du camp de Boulogne sur l'Ile des Saints, que de changements se sont opérés dans l'équilibre des forces des deux puissances!

Constatons que ces changements se sont tous accomplis à notre profit.

Notre armée de terre a toujours conservé depuis lors sa supériorité sur les bataillons britanniques par sa discipline et par son effectif. (*Waterloo ne fut qu'un jour de fortune dont Wellington lui-même ne pouvait tirer vanité*).

Notre infériorité maritime a beaucoup diminué

depuis dix ans surtout; si nos vaisseaux sont moins nombreux que ceux de nos voisins, nos matelots sont mieux exercés et nos navires mieux équipés.

L'avantage que créerait pour les Anglais la plus grande quantité de bâtiments, est atténué par l'obligation de garder des colonies disséminées sur tous les points du globe. Mais, nous dira-t-on, nous avons aussi des comptoirs? — Cela est vrai; mais nos établissements transatlantiques ne peuvent, ni pour leur organisation, ni pour leur importance, être comparés à ceux de la Grande-Bretagne. Nous régnons dans nos colonies par la douceur et la participation offerte aux bienfaits de la métropole; les Anglais ne gouvernent que par la terreur, et leurs triomphes sur les *rebelles* sont souvent ensanglantés par des cruautés. Voyez les soldats de Nana-Saïb attachés à la gueule des canons pour pacifier l'Inde qu'un mot soulèverait encore.

D'ailleurs, perdrions-nous nos colonies, le déficit de leur production n'altérerait en rien la force et la richesse de la France, tandis que l'Angleterre réduite à elle seule, ou même isolée momentanément de ses possessions serait ruinée et ne pourrait suffire aux besoins de sa population.

Ainsi, pendant que la marine de nos stations, se repliant de comptoir en comptoir et d'escale en escale, viendrait se renfermer dans nos ports, si elle y était forcée (chose douteuse et impossible à égalité de moyens), notre armée de terre, opérant grâce à nos navires à vapeur un rapide débarquement protégé par une escadre composée de nos meilleurs vaisseaux et de nos frégates les mieux cuirassées, consommerait en quelques jours l'anéantissement de la puissance britannique, et vengerait sur le sol même de ses geôliers les supplices du captif de Sainte-Hélène.

Une seule question reste à examiner pour démontrer que la France est assurée du succès au jour de la lutte.

Ce qui constitua toujours la force de l'Angleterre, ce ne sont pas ses ressources intrinsèques, ce sont celles qu'elle sut se créer en coalisant contre nous l'Europe entière. — Ce temps n'est plus : les Russes que nous avions vaincus en Crimée fraternisaient avec nos soldats le lendemain de l'armistice, et venaient quelques mois après visiter avec empressement notre capitale; plus récemment, les Autrichiens, acceptant une paix généreusement offerte, cimentaient avec nous, par l'entremise des deux Empereurs, une alliance durable sur le dernier théâtre de nos victoires. Le monde respecte le drapeau tricolore; c'est un respect d'ami; il méprise le Yak Anglais, mais il le respecte par crainte.

Une coalition contre la France est donc impossible; elle aurait plutôt lieu en sens inverse, mais elle serait inutile.

VIII.

Nous ne désirons certainement pas que la paix européenne soit de longtemps troublée, mais elle le sera, elle doit l'être pour s'affermir. Le Volcan couve sous la cendre, et il ensevelira sous sa lave la prétendue omnipotence de l'Angleterre.

La France est profondément impressionnée des crises qui déchirent la péninsule et l'Autriche, mais la France est impressionnée parcequ'elle pressent l'avenir. Le nouveau potentat Lombard, s'il ne s'appuyait que sur ses bersaglieris, serait impuissant à soulever d'aussi grandes inquiétudes au sein d'un fort et vaste empire; ne l'oublions pas; sous la couronne de Chypre rugit le léopard.

Sans doute, la religion souffre de la tourmente où s'agite la Papauté, mais ces douleurs se rattachent à l'influence que nous avons déjà signalée; sans doute, les Polonais se sont réveillés pour un nouveau martyre, mais ce réveil prématuré n'est que le contre-coup malheureux de la révolution qui les abusa en Italie; sans doute, Naples, Parme, Modène, Florence, Venise sont des questions brûlantes d'actualité et d'intérêt; mais ce ne sont que des gerbes éparses du feu qui embrasera tôt ou tard les deux bords de la Manche. Voilà pourquoi la France se passionne : elle attend, dans les frémissements de l'impatience contenus par la modération de son Souverain, ce moment solennel où elle sera appelée à venger son honneur et défendre une juste cause.

IX.

On ne peut certainement pas, d'après les prévisions humaines, assigner une date précise à la rupture de nos rapports avec l'Angleterre; il est cependant permis de supposer, sans tomber dans des présomptions téméraires, que la question d'Orient amènera par le démembrement de l'Empire Turc cette collision formidable dont l'Europe demeurera l'impassible spectatrice.

La guerre éclatant au moment de la décadence

ottomane serait la juste expiation de la conduite de l'Angleterre protégeant la Sublime-Porte dans ses exactions ou sa faiblesse, et réclamant pour les Druses la liberté du poignard.

Protectrice et protégée, Londres et Constantinople seraient punies ensemble, et des Dardanelles au Pas-de-Calais, on s'écrierait alors pour la denière fois : *Delenda est Carthago!*

Bientôt après la morale publique serait vengée, l'Angleterre descendrait au second rang des nations, et l'Empereur Napoléon réalisant, pour la paix de l'Europe et le bonheur du monde, cette parole célèbre prononcée sur le Niémen par le chef de sa dynastie, pourrait dire, comme son Oncle, à l'Empereur de toutes les Russies : *Pas un coup de canon ne se tirera désormais en Europe sans notre permission.*

Louis D'ESTAMPES.

www.ingramcontent.com/pod-product-compliance
Ingram Content Group UK Ltd.
Pitfield, Milton Keynes, MK11 3LW, UK
UKHW020403250726
13967UKWH00005B/2442

9 782012 999343